Manufactured by Amazon.ca
Bolton, ON

13511073R00068